# CHOREGRAPHIE

# D'UNE PLUME

Au rythme de la vie

Evelyne Aguilera

# CHOREGRAPHIE

# D'UNE PLUME

## Au rythme de la vie

© 2022, Evelyne Aguilera

Édition : BoD – Books on Demand, info@bod.fr

Impression : BoD – Books on Demand, In de Tarpen 42, Norderstedt (Allemagne)

Impression à la demande
ISBN : 978-2-3224-4411-3

Dépôt légal : Novembre 2022

# Introduction

Avoir Vécu,

Avoir Appris,

Avoir Aimé,

Avoir Donné

Et

Vivre,

Apprendre,

Aimer,

Donner

Encore...

Chaque instant compte, vivez !

Evelyne Aguilera

A

Ma famille, mes ami-e-s


A

Mes fidèles lectrices et lecteurs de mes livres, de ma page Facebook

www.facebook.com/desmotsaudeladesmaux


Merci pour votre fidélité, vos encouragements,

Vos remerciements.

# Table des matières

## 1. Adagios du cœur    p 5

    1.1. Vers de nouveaux rivages
    1.2. Eclats de cœur
    1.3. Envie de ...
    1.4. Rêve d'amour
    1.5. Dans tes bras
    1.6. Renaissance

## 2. Arabesques temporelles    p 21

    2.1. L'instant présent
    2.2. Souvenirs
    2.3. Présent vs passé
    2.4. Lettre au temps
    2.5. L'empreinte du temps

# Table des matières

## 3. A contretemps      p 37

- 3.1. La solitude
- 3.2. Bleus de l'âme
- 3.3. Perle d'eau
- 3.4. Le doute
- 3.5. Blues d'un soir
- 3.6. Vague à l'âme
- 3.7. L'âme à la dérive
- 3.8. Bien plus fort que ton absence

## 4. Intermèdes      p 59

- 4.1. Il était une fois un point
- 4.2. Vent du large
- 4.3. Rêves
- 4.4. Rencontres
- 4.5. Improbables amitiés
- 4.6. Un nouveau chemin
- 4.7. Anamorphose
- 4.8. La rumeur
- 4.9. Lettre pour vous, humain

# Table des matières

**5. Métaphores**                      **p 85**

   5.1. Une nuit en peignoir
   5.2. Sur la pointe des pieds
   5.3. Les lampions du jour
   5.4. Un soleil en déshabillé
   5.5. L'aube s'éveille

# Adagios du cœur

## Vers de nouveaux rivages

Tu viens de faire naufrage
Et perdu.e au milieu de ces marchandages
Que se livrent ton Ame et ton Cœur, en nage,
Tu t'aperçois que tu es en décalage.

Difficile d'avoir alors un bon repérage
De tous ces marque-pages,
Laissés derrière toi sur ces rivages,
Par cette vie, au fil de ses abordages.

Perceptible au travers des sillages
De ce difficile voyage,
Comme signe d'un inéluctable présage,
Tu es persuadé.e que c'est un sabotage.

Il faut absolument que tu trouves le courage
De commencer ton renflouage
Afin d'extraire ton être de cette cage,
Que le passé tient en otage.

Leste-toi de ces lourds bagages
Accrochés à ton bastingage.
Ouvre les yeux sur ton entourage
A défaut, devant toi sur ce chemin de halage.

Tu peux sortir de ces marécages,
De nouveau, reprendre le large
Quand bien même, il y ait quelques nuages.
De vivre, retrouve la rage.

De ta plume, quelques mots sur une page,
Pour évacuer tes maux en partage,
Peut amorcer ton remorquage
Afin de voguer vers de nouveaux rivages.

# Eclats de Cœur

Au sein des abysses
De notre cœur et notre âme,
Pêle-mêle s'entassent
Tous ces sentiments qu'on amasse.

Il nous arrive de replonger
Dans le grenier de notre passé
Qu'on a parfois déserté
Voire cadenassé.

Nous dépoussiérons quelques souvenirs,
La mélancolie s'invitant sans prévenir,
Fouillant au fond des tiroirs
Avec frénésie, à la recherche d'un espoir.

En lieu et place, la tristesse s'invite,
Dans le vide de notre âme transie,
Invitant parfois, des larmes silencieuses
D'un cœur en sursis.

Souvent, dans la pénombre de notre cœur
Surgit le souvenir d'un proche aimé
Nous consolant avec douceur,
Enlaçant de sa présence nos pensées.

Agrippez-vous aux parois du présent,
Tout en couchant sur une page
Ces bribes du passé vous retenant,
Afin d'éviter à votre âme le naufrage.

Acceptez ces émotions enfouies, latentes.
Libérez-les afin qu'elles s'évanouissent
Ou vivez les pour qu'elles s'épanouissent,
Tout dépend de celles qui subsistent.

Ma plume vagabonde, selon ses errances,
Pour vous murmurer avec décence
Vous n'êtes pas seul.e dans votre souffrance.
Réapprenez à ouvrir tous vos sens.

## Envie de …

Tes mots pour avancer
Tes mots pour exister
Tes mots pour rêver …

Des mots du cœur
Des mots couleur
Des mots bonheur…

Des mots panseurs
Des mots douceur
Des mots valeur…

Parle-moi de Toi
Parle-moi de Moi
Parle-moi de Nous…

Ton silence, je perçois
Ton sourire, je le vois
Ta voix est en moi.

Mon âme en rêve
Mon cœur le souhaite
Ma raison l'espère...

Envie de...Vivre

Envie d'un ...Toi avec Moi

## Rêve d'Amour

Du creux de mes rêves,
Des poussières d'amour se sont échappées.
D'une passion perdue ou désirée,
Elles ont envahi le noir de mes jours.

Mon regard se remplit d'étoiles.
Ma plume, sur ma page,
Tente au-delà des maux,
Une nouvelle chorégraphie.

Chassant ainsi l'écume de mes jours
Et soulevant la brume de mes yeux,
La mélancolie des peut être, fait place
A de nouveaux refrains.

Dès les premières notes,
J'oublie le grésil de ma vie.
Germe déjà un autre présent
Dans mes désirs d'un lendemain.

Mon esprit s'envole vers cet amour
Défiant les heures au-delà du temps,
Cherchant et implorant ce cher amour
De venir réchauffer mon cœur errant.

Le plaisir fait place à la mélancolie.
Je vois déjà l'empreinte de nos deux âmes
Allongées sur le sable du temps,
S'envolant vers le grand large.

Quand la nuit s'éclipsera à pas feutrés
Sous l'assaut d'une aube audacieuse,
Ce doux mirage se transformera
En souvenir d'un rêve d'amour.

## **Dans tes bras**

Quand tu me prends dans tes bras,
Le monde alentour s'efface pas à pas
Laissant place à d'invisibles particules
S'entrelaçant, sans préambule.

Nos cœurs se caressent,
Nos respirations se synchronisent.
A l'unisson, sans contresens,
Naît alors l'alliance de nos sens.

Posant un châle sur nos blessures de cœur,
Nos âmes s'envolent à tire d'aile,
S'émouvant de nos corps qui frissonnent
Et de nos lèvres s'effleurant tout en douceur.

Acceptant cette invitation de nos âmes,
Mes sens engourdis se réveillent.
Blotties au creux de ton épaule,
Des perles d'amour s'en échappent.

Je peux enfin poser ma valise
Dans l'antre de ton cœur, tout à mon aise.
J'y dépose de tendres pensées.
J'aime tant être dans tes bras aimés ...

## **Renaissance**

Le temps se pose un court instant, poli,
A l'ombre de la mélancolie.
Mes regrets tentent de s'immiscer
D'un revers de main, ils sont chassés.

J'ai marché bien des fois,
Je suis tombée de nombreuses fois,
Je me suis relevée à chaque fois,
L'amertume émergeant parfois.

Pourquoi voir, ai-je refusé ?
Pourquoi n'ai-je rien fait ?
Mon moi, j'ai abandonné
Mon âme, j'ai torturée.

Mais au-delà de l'ombre de ce spleen,
Pointent quelques rais d'espoir, sans toxine.
Dans la douleur naît cette certitude
Que souffrir, c'est aussi vivre.

Bien qu'encore égarée,
Je constate, effarée,
Que mes repères sont retrouvés
Et mes larmes asséchées.

Se perdre pour se retrouver,
Souffrir pour réfléchir,
Fauter pour regretter,
Ne pas faillir pour revenir.

Revenir grandie voire changée
Revenir métamorphosée.
Surtout toujours rêver
A une vie meilleure, aspirer…

# Arabesques temporelles

# L'instant présent

Aujourd'hui est l'instant présent.
Même si ce n'est plus hier
Et encore moins demain,
Il a le mérite d'exister et de t'appartenir.

Bien sûr, cet aujourd'hui est
Entre hier et demain, c'est immuable.
Pour autant, si tu penses à hier,
Tu es peut-être dans ses tourments.

Si tu es déjà à demain,
Tu empruntes des moments
Qui ne t'appartiennent pas encore
Et ne seront peut-être pas les tiens.

Tu peux être heureux (se) aujourd'hui
Tout dépend de ce que tu en fais.
Décide d'en faire un beau jour,
Un jour dont tu vas profiter.

Profiter de ce qui te fait plaisir,
Jouir de moments simples
Auprès de personnes que tu aimes,
Apprécier ces sens que tu as "encore".

Hier n'est plus,
Demain n'est pas encore là,
Seul l'instant présent est tien.
Aussi vis le intensément.

Pour n'avoir aucun regret,
Pour dire j'ai aimé,
J'ai vécu aujourd'hui,
Lorsqu'aujourd'hui prendra fin.

## Souvenirs

Par la résonance de souvenirs,
Des traces de mémoire émergent,
Réveillant ainsi mes sens engourdis.

Elles aiguisent mes mots
Sous le frôlement d'une plume,
Avide de s'épancher.

Les voyelles tourbillonnent
Laissant le verbe respirer,
Alors que les consonnes complotent.

Sous les yeux hagards
De rimes gorgées d'encre
L'"imaginaire peine à prendre place.

Tandis que la nuit tire les draps
Sur les lueurs d'une aube s'endormant,
Sans bruit, les étoiles s'installent.

Sur les berges de mon âme,
L'ombre des bruissements de ce jour
S'étire à n'en plus finir.

Sous les caresses d'une lune naissante.
Une étoile éclaire cette page blanche
Sur laquelle ma plume cherche sa muse.

Poésie hésitante aux commissures de mots
S'envolant pêle-mêle d'une âme,
Stimulée par des traces de mémoire,

Résonance de souvenirs.

## Présent vs Passé

Alors que mes pensées pianotent
Quelques notes de blues au moral,
L'horizon de l'impossible s'étire
Au-delà des murs du vécu.

A la lecture de ces vieux romans de ma vie,
Quelques craquements du cœur se font entendre.
Derrière ces pages où se cache la nostalgie,
Je revois des visages et des pans de ma vie.

Des tiroirs ouverts dans les oubliettes de mes souvenirs,
Font apparaître des fragments de mon enfance
Devant lesquels la parole se tait,
Car certaines pages en sont raturées.

L'espoir, valise à la main, erre dans les couloirs du temps
A la recherche d'une nouvelle adresse.
Aussi, je referme vite ce livre de mon enfance
Car le présent m'appelle et m'exhorte à le vivre.

## Lettre au temps

Sous les lueurs d'une aube qui s'éveille,
Avec quelques cernes sous les paupières,
Le soleil, peinant à ouvrir les yeux,
Me salue discrètement.

Essayant de le retenir mais en vain,
Il faut déjà chasser ce rêve,
S'effilochant dans les brumes de la nuit,
Laissant ainsi place au destin.

Mes pensées s'accumulent
Et s'éparpillent au gré des secondes,
Qui, à peine arrivées,
Partent déjà, devenant du passé.

Des bribes d'espoir s'accrochent, tenaces,
Aux berges d'une aurore
Sur laquelle, les heures à peine remplies,
S'envolent, quoique je fasse, dans cet espace.

Dans un tiroir de mon cœur,
Je range hâtivement ces pensées,
Fleurissant pour certaines mon jardin secret,
Se fanant pour d'autres, aux confins de l'oubli.

Le quotidien s'installe
Poussant au gré des vents, ces pensées,
Que seul le temps peut accrocher
Au fil du présent, filant vers le passé.

Je tente de cacher ces secondes écoulées,
Remplies de joie et d'espoir,
Afin de venir y chercher, plus tard,
Ce courage et l'envie d'avancer.

Puisées à la source de mon âme,
D'invisibles paroles se croisent où que j'aille
Faisant fuir la grisaille,
Au rythme des heures qui trépassent.

Déjà pointe à l'horizon un crépuscule
Faisant naître le couchant,
Amenant la nuit, enveloppée d'étoiles,
Qui, à pas menus, s'insinue telle une ombre.

Je cherche hâtivement une page blanche,
Sur laquelle s'élancera ma plume,
Afin que mes mots deviennent un refuge
Pour y conserver ce temps qui s'enfuit.

## L'Empreinte du Temps

Le temps égrène ses années
Et marque de son empreinte
Notre vie qui passe.

Empreinte indélébile,
Parfois estompée,
Mais toujours visible.

Laissée sur notre peau,
Imprimant comme il se doit
Nos douleurs, nos maux,
Nos sourires et nos joies.

Parfois d'expression,
Creusées par l'âge,
D'autres fois patte d'oie
Ou ride du lion.

A qui, souvent nous déclarons la guerre,
Voulant à tout prix leur faire la peau.
Pourtant, elles peuvent être belles
Car elles sont « nous » tout simplement.

Elles livrent à ciel ouvert notre histoire
Sans pouvoir y surseoir.
Et c'est là toute notre beauté.
Notre vécu que nous portons.

Elles, ce sont nos rides.

# A contretemps

## **La Solitude**

En premier lieu, acceptez-la comme telle.
Puis apprenez à l'apprivoiser
Pour ensuite cohabiter avec elle
Afin qu'elle devienne votre alliée.

Au fil des jours, posez-vous,
En harmonie, elle et vous.
Appréciez ses silences répétés
Et vos instants d'intimité.

Aucun vide à combler.
Au contraire, vous retrouver.
Le plaisir d'être soi en toute simplicité
Parce qu'elle est là, à vos côtés.

Elle est désormais votre amie.
Vous aurez plaisir à la retrouver,
De temps à autre, comme appui,
Pour vous ressourcer.

Puis allez à la rencontre de l'autre
Pour qu'être deux ne soit plus une nécessité
Mais un choix librement fait.
Elle vous a aidé plus que vous ne le croyez,
Cette solitude ...

## **Bleus de l'Ame**

Elle est cernée d'ombres bleu marine,
Sombres comme l'abîme,
Par tous ces combats menés
Dans une vie bien malmenée.

Peu la perçoive car toujours voilée.
Téméraire, elle s'entête et vient courtiser
Maux, chagrins et peines
Dont les bleus se mêlent à l'eau de Peyne.

Bleu indigo d'une lente mélancolie,
Faisant poindre des larmes au bord du cœur,
Elle est assaillie par ce vague à l'âme,
presque ami,
Prête à chavirer, le regard noyé par les
pleurs.

Trop de bleu nuit de souvenirs passés,
D'une âme perdue à la dérive, en survie,
Dans les méandres de cette vie,
Happée par les limbes du passé.

Je revois encore ces ardoises bleues,
Ces buvards gorgés d'encre bleue,
Les doigts tâchés, les genoux pleins de bleus,
Bleu à l'Ame et peurs bleues.

Au-delà de ces bribes de souvenirs,
Pointe le bleu de la vie à venir
D'où jaillissent des camaïeux de bleus
D'une âme rêvant de mots bleus...

## Perle d'eau

Une larme,
Pour expirer ta peine.
Car égaré.e dans tes pensées,
Tu ne sais que faire, esseulé.e.

Une larme,
Pour cet amour passé.
A peine quelques mots
Et il s'en est allé.

Une larme,
Pour cet amour qui t'exsangue.
Un fol espoir
Qu'un jour, il pourrait t'aimer.

Une larme,
Pour ce père, cette mère,
Qui ne t'a jamais aimé.e
Puisque abandonné.e.

Une larme,
Quand la nostalgie t'étreint
Et te chante de tristes refrains,
Rythmant ainsi le vide de ta vie.

Une larme,
Pour exorciser ce traumatisme
Et ainsi éviter qu'il ne s'enkyste,
Par sa non mise en mots.

Une larme,
Pour libérer toute cette souffrance
Qui agite ton âme et ton cœur,
Car pleurer est salutaire.

Une larme,
Pour expulser de ton esprit
Toute cette rancœur
Pour enfin retrouver la paix.

Une larme,
De cette âme tout en orage,
Délivrant une pluie,
Source de vie.

Une larme,
Pour expulser des maux
Par des mots non-dits,
En laissant vivre tes larmes.

# Le doute

Peut-être l'avez-vous déjà croisé ?
Il nous prend souvent par surprise.
En équilibre sur le bord d'une résolution,
Votre âme s'arrête soudain.

Prise dans le tourment du doute,
Elle refuse d'embrasser une décision
Freinant ainsi votre résolution,
Ne sachant plus que faire.

Perdue dans les ténèbres de ces doutes,
Elle espère le retour de la lumière,
Bien que votre hésitation craintive
Soit face à l'évidence.

Mais votre âme est bien plus forte.
Chargez ces doutes
Sur les épaules de votre volonté
Et avancez avec votre âme…

## Blues d'un soir

Il est de ces soirs d'écume
Où le mal être surgit,
Recouvrant alors de brume
Votre cœur qui s'obscurcit.

La tristesse s'invite, pernicieuse,
Dans le vide de votre âme, transie,
Invitant des larmes silencieuses
D'un cœur en sursis.

La solitude étreint votre peine,
Avide de s'épancher enfin, sans haine
Sur un passé toujours présent,
Traînant ses souvenirs au fils des ans.

Seul.e, dans la pénombre du crépuscule,
Le souvenir d'une âme vous console
Vous enlaçant dans ses bras câlins,
Faisant fi des corbeilles de chagrins.

Quelques mots de réconfort, non illusoires
D'un cœur aimant étreignant le vôtre.
Vous cherchez alors dans les étoiles,
Une filante exutoire.

Agrippez-vous aux parois du présent,
Tout en couchant sur une page
Ces bribes du passé vous retenant,
Afin d'éviter à votre âme le naufrage.

Otez les chaînes de vos rancœurs,
Libérez-vous de votre torpeur,
Comprenez vos erreurs,
De votre vie, redevenez acteur.

## Vague à l'Ame

Des perles d'eau au bord du cœur,
Ombragent mon âme
D'un voile de brume,
La recouvrant d'un vague à l'âme.

Quelques notes timides émergent,
Fredonnant cette mélodie
Que je croyais enfouie,
D'une mélancolie en approche.

La tristesse s'empare alors de mon être
Faisant fuir la joie en pleurs.
Des fragments de vie passée
Entaillent ces blessures pourtant refermées.

M'accrocher à cette page blanche
Comme à une branche.
Coucher mes remords
De n'avoir pas dit, de n'avoir pas fait.

Pourtant, le silence résonne
De votre amour et de votre tendresse
Déposant dans l'instant
Un onguent de caresses.

Mon Cœur errant
Sur ce corps affligé de votre manque,
N'ose faire face
A cette confession de mon âme.

Culpabilité retenue, remords pernicieux,
Entament une ronde effrénée.
Absoudre mes erreurs
Pour étouffer cette rancœur.

Les mots à la pointe de ma plume
Deviennent oraisons
Sous lesquels la mélancolie
De nouveau fait place à la vie.

# L'Ame à la dérive

Le cœur à la dérive,
Le vague à l'âme,
Un corps en apnée,
Depuis que tu m'as quitté.e.

Etouffer ces larmes,
Ravaler ces sanglots,
Un cœur qui s'emballe
Quand je pense à toi.

La solitude s'installe
Dans mon cœur abandonné.
Le vide prend place
Dans mon être esseulé.

Me rendre à l'évidence
Sous le poids du désespoir,
D'abandonner l'espoir
D'un improbable retour.

Ne pas pleurer, ne pas plier
Sous cette douleur lancinante.
Fermer les yeux sur l'évidence,
Sans lui donner trop d'importance.

Oublier l'odeur d'un parfum,
L'étreinte de tes bras sans fin,
Ton essentielle présence,
Tes sourires aimants.

Avancer quand même,
Ne pas montrer ma peine,
Exorciser ce mal
Pour ne pas faire naufrage.

A l'encre de mes larmes,
Tremper ma plume,
Ecrire pour me libérer,
Ecrire pour survivre.

Perdre la mémoire
Quand la mélancolie me ronge.
Au milieu du blanc et noir
Percevoir les couleurs.

En faire un arc en ciel
Pour de nouveau rêver,
Croire en un avenir
Qui peut me sourire.

Le bonheur n'est pas parti,
Il s'est juste déplacé.
Sur ce chemin, avancer.
De nouveau croire en la vie.

## **Bien plus fort que ton absence**

Tu es parti, tu m'as quitté.e,
Tu n'es plus là,
Tu es de l'autre côté.
Je suis comme perdu.e depuis.

Le temps a passé
Mais j'ai toujours aussi mal.
Je voudrais le cacher,
Je ne peux l'empêcher.

Je pleure souvent,
Encore et encore.
Tu étais mon repère,
Souvent, tu me guidais.

Me voilà au milieu du chemin,
Où je me sens perdu.e parfois,
Car ne plus jamais te revoir,
Me plonge dans le désarroi.

Pour autant, je continue ma vie,
J'essaie sans toi.
Mais tu es tellement loin de moi.

Mon cœur est en sursis,
Il pleure ces souvenirs de toi,
Nos moments complices.

Dans sa tristesse insondable,
Mon cœur t'envoie des SOS.
Dans son incommensurable douleur,
Il vide toutes ses larmes.

Souvent, je regarde le ciel,
Cherchant en vain,
Un signe de toi.
Personne ne pourra te remplacer.

Je t'Aime, pour l'Eternité…

# Intermèdes

# Il était une fois un point...

Inséparables, souvent par trois, ils se suivent
Laissant ainsi place à l'imagination
Et tous ces possibles,
Qu'inspirent les points de suspension...

Et que dire de ces points d'exclamation !
Se suffisant à eux seuls, presque aux abois
Pour exprimer leur colère ou leur joie
Voire leur tristesse ou leur déception.

Faisons une pause sur ces deux points :
Prêts à nous délivrer tous leurs secrets.
Continuons vers cette virgule et ce point
Sans nul doute, une belle complicité.

Pour enfin arriver à ce point final
Qui peut ne pas être banal
S'il s'évapore dans un délire
Nous poussant ainsi à relire.

J'oubliais presque ce point d'interrogation
Ornement de toute question.
Je pourrais aller jusqu'à l'indigestion
Tellement j'aime cette ponctuation.

## Le vent du large

En équilibre sur un fil de lumière,
Il est des mots, qui loin du quotidien,
Vous offrent un refuge où vous blottir.

A vous de trouver le chemin y menant
Afin de vous y lover, à la porte du temps,
Dans l'attente d'un lendemain

Où vous pourrez hisser les voiles,
Au gré du chant d'un vent léger,
Chassant l'écume de vos chagrins.

Puisant dans le nid de votre cœur,
Cette chaleur pour réchauffer votre âme,
Osez esquisser la brindille d'un futur

Sur laquelle de vieux espoirs
Reprendront goût à la vie,
Loin du ressac de cette grise solitude.

## Rêves

Il y a des rêves qui laissent une trace
Au petit matin, dans vos draps froissés.
Sous les paupières, quelques images fugaces,
Instants que vous aimeriez prolonger.

Des décors étranges, de sublimes paysages
De doux parfums dans un brouillard divin.
Des lueurs apparaissent comme des mirages,
Etincelles d'espoir qui effacent les chagrins.

Il y a des rêves qui donnent le frisson
Et effleurent l'esprit comme des caresses.
Bercé, le corps en frémit sous l'édredon,
Sous des baisers empreints de tendresse.

Il y a des rêves qui réveillent l'âme,
Le cœur en tressaille de doux sentiments.
Un feu timide et tendre l'enflamme
Réduisant en cendres les tourments.

Tout paraît alors possible, imaginable.
Plus de chaînes aux pieds, voici la liberté.
Les peurs laissent place à l'agréable.
Un bonheur éphémère par une nuit étoilée.

## **Rencontre**

Dans un train, une rame de métro,
Au détour d'une rue, à la sortie du boulot,
Au croisement d'un commentaire,
Ou frôlant un smiley téméraire.

Regard un instant suspendu
Où deux esprits se croisent
A l'unisson, quelques secondes.
Le temps s'est ralenti, semblant perdu.

Parfois, nous la heurtons de plein fouet
D'autres fois, nous passons à côté.
Elle peut être rapide ou fugace
Mais laisse souvent une trace.

Anonyme le plus souvent
S'installant si on y consent ;
A peine nommée,
Parfois, déjà évaporée.

Rencontre fugace, voire inachevée
Ou simplement imaginée ou rêvée.
Peut laisser un sentiment de vide
Voire un manque d'être comblée, avide.

Temps nécessaire ou trop court
Quelquefois semblant une éternité,
Tout dépend du temps accordé
A cette rencontre parfois à contre-jour.

Comme trace, un éclat au fond du cœur
Ou un fragment source de douleur.
Nous a souvent boosté pour repartir
Même si elle savait être sans avenir.

Il y en aura d'autres, à part en thèse
Notre destin en sera fort aise.
Soit elle sera douce parenthèse,
Ou simplement pure hypothèse,

A moins qu'elle ne soit éternelle.

# Improbables amitiés

Parfois, au croisement
D'un espoir qui s'effiloche
Et d'un désespoir qui s'accroche,

Au détour d'une larme,
Sur les berges d'un cœur sans armes,
Une main tendue s'approche.

Émerge alors cet indicible lien
A la rencontre de ce cœur en soutien,
Empreint de générosité.

Au-delà de toute raison,
On assiste alors à la floraison
De cette improbable amitié…

D'où à nouveau, l'espoir renaît….

## **Un nouveau chemin**

Le cœur à la dérive,
Le vague à l'âme,
Un corps en apnée,
Le souffle court.

Des perles d'eau au bord du cœur
Ombragent ton âme esseulée.
Depuis, tu navigues dans un ailleurs,
Sans jamais t'arrimer.

Epuisé.e et fatigué.e,
Une estime de toi bien entaillée,
Au point de culpabiliser
Alors que tu n'as rien fait.

Accumulée depuis des années,
Cette tristesse amoncelée,
Ces émotions non exprimées,
Finissent par éclater.

Souvent, en vain, tu appelles
Ce proche parti trop tôt.
Ses bras te protégeaient
Ses mots te réconfortaient.

Comme elle manque sa présence.
Tu déambules alors dans ton passé
A la recherche de ces instants passés,
En fouillant dans tes souvenirs.

Pourtant, il est toujours là.
Son âme en silence,
Se pose, ici et là,
Pour faciliter ta résilience.

Perds la mémoire
Quand la mélancolie te ronge.
Au milieu du blanc et noir
Perçois les couleurs.

A l'encre de tes larmes,
Trempe ta plume,
Ecris pour te libérer,
Ecris pour survivre.

Perçois dans le présent,
L'âme de ce proche aimé,
Te tendant la main
Sur ce chemin qui s'ouvre à la vie.

## **Anamorphose**

Quelques graffitis du cœur
Sur un fondu d'émotions,
Un clair-obscur de la vie,
Aux camaïeux de liberté.

Aquarelle d'un instant,
Mosaïque de moments de vie,
La vie en filigrane,
Aux nuances de gris.

Esquissée du bout de mes doigts
Par le pinceau de mon âme,
Au pastel noir et blanc,
Agrémenté de pigments,

Elle est tout en relief,
Empreinte de réalisme,
Pour une renaissance,
Avec ou sans résistance.

Parfois sanguine,
D'autres fois sépia,
De temps à autre sérigraphie
Ou même silhouette,

Cette fresque aux textures multiples
Peut être sur toile de jute,
Chanvre, coton ou lin,
Parfois métisse.

Sans trompe-l'œil,
Tout en transparence,
Elle ne peut laisser indifférent.e,
Par son dégradé de réalisme.

## La Rumeur

Invisible adversaire,
Prenant souvent naissance
Dans un malentendu.

Peinant à prendre forme au départ,
Se fortifiant au fil du temps,
Se nourrissant de « on-dit ».

Insidieuse et sournoise
Ou excitante et destructrice,
Tout dépend pour qui.

Elle se dit à voix basse,
Se chuchotant à l'oreille,
A toute heure, de jour comme de nuit.

Tantôt bavarde, tantôt méprisante,
Elle court vite cette rumeur,
Nous épiant sans cesse.

Elle se propage et rien ne l'arrête
Car elle grandit avec le temps.
Nourrissant et occupant le temps.

Des conversations, en est le piment.
Elle peut tuer sans raison
Toute une réputation.

Jamais on ne peut savoir
« Qui la crée, qui la croit ? »

## **Lettre pour vous, Humain**

Allergies, séparation,
Déménagement, vacances ou démission
Sont mes plus grandes peurs
Même l'été me plonge dans la torpeur.

Lorsque j'étais tout petit,
Tu prenais du temps avec moi.
Tu jouais, me caressais, réjoui.
Je pouvais même dormir près de toi.

Lorsque des gens venaient
En extase, tu plongeais.
Tout le monde me voulait
Fier, tu étais.

Les jours se succédaient
J'étais choyé et aimé.
J'ai grandi et t'aimais.
Fidélité, je t'ai juré.

Puis petit à petit, au fil des étés
De plus en plus, tu m'as délaissé.
Moins de temps, tu m'accordais.
Mais tu sais, je comprenais.

Un jour, des cartons se sont empilés
Tu étais toujours affairé.
Je me faisais tout petit,
Je n'ai rien compris.

Puis, enfin, tu m'as pris dans tes bras,
Je ronronnais, c'était extra.
On a marché et dans un jardin, tu m'as déposé.
Pas habitué, apeuré j'étais.

Ensuite dans ta voiture, tu es monté,
Sans jamais te retourner.
Sous un buisson je me suis réfugié.
A t'attendre, longtemps, je suis resté.

Pour toi, je me suis inquiété.
Je me suis aussi demandé
Ce que j'avais fait
Pour être ainsi abandonné.

Les jours ont passé
Je n'étais plus aussi beau
A mon poil sale, je le voyais.
Je ressemblai à des oripeaux.

Puis, un jour, alors que plus d'espoir
Et seul, avec mon désespoir,
Bien qu'affaibli et amaigri j'étais,
Une main s'est tendue pour me caresser.

Une voix douce me parla
Cela me réconforta.
Je ronronnais bien que faible
Elle me prit dans bras, contre elle.

Elle m'emmena et me soigna.
Pendant des jours, prit soin de moi.
Me dorlota, me caressa.
Je repris des forces après des mois.

Elle me prénomme Léo.
J'aime bien Léo.
Je ne la quitte plus,
Je vis à nouveau heureux.

Aussi nos maîtres aimés,
Si jamais, vous y songez.
Épargnez-nous la rivière,
Épargnez-nous la fourrière.

Nous te vouons confiance et amour
Nous te jurons fidélité pour toujours.
Nous te suivrons et nous adapterons
Car être près de toi est notre seule ambition.

# Métaphores

## Une nuit en peignoir

Le temps se penche à la fenêtre du jour, avec amertume,
Scrutant le grand lac du ciel où l'heure rôde
Entre les lambeaux d'un crépuscule qui s'allume.

Le jour, refusant de mourir, déploie lentement, éconduit,
Un édredon parsemé d'étoiles, se racontant des histoires,
Afin de s'endormir dans les couloirs de la nuit.

Sous les yeux éveillés de cette nuit en peignoir,
Les étoiles déambulent dans son vestibule,
Certaines en déshabillé, d'autres en complet.

Ma plume, loin des portes du temps,
Entame cette danse nocturne en chantant
Afin que mon âme s'évade sans réticence
Le long des buissons du silence.

## **Sur la pointe des pieds**

Une écharpe de rosée autour du cou,
Le jour, sur la pointe des pieds,
Entame sa promenade alentour.

Quelques nuages affolés,
Tentent de fuir ce rideau de pluie,
Alors que la lune s'étire d'ennui.

Blottie sous le duvet de l'encre,
Ma plume tente de convaincre
La vie cachée dans un coin.

Une caresse d'espérance s'en échappe
Pour déposer au creux de votre Ame
Ces quelques mots pour une belle journée.

## Les lampions du jour

Au cœur du temps, les nuages s'éveillent.
Sous le halo des lampions du jour, hagarde,
La nuit, en filigrane, s'effiloche
Et range son peignoir dans la commode.

S"éloignent alors les bruissements d'hier.
Derrière la porte grinçante des souvenirs,
Des possibles hésitants voient le jour
Sous l'encre d'une plume avide de vivre.

Sous le regard de mon âme qui s'éveille,
Cette plume, sous le duvet, sommeille,
Rêvant de mots bleus s'envolant à tire d'aile,
Près de vous, se posant en carrousel.

## **Un soleil en déshabillé**

Les branches du crépuscule s'agitent
Et quelques nuages se bousculent, pressés
De percevoir le soleil en déshabillé.

Des moineaux soupirent, amoureux,
Alors que les reflets d'un soleil ronchon
Quittent à regret cet édredon cotonneux.

Seule ma plume, l'âme aventureuse,
Se lance dans une chorégraphie audacieuse
Esquissant un bonsoir intemporel.

## L'aube s'éveille

Sous les lueurs d'une aube qui s'éveille,
Avec quelques cernes sous les paupières,
Le soleil, peinant à ouvrir les yeux,
Me montre quelques moineaux amoureux.

Essayant de le retenir mais en vain,
Il faut déjà chasser ce rêve qui s'enfuit,
S'effilochant dans les brumes de la nuit,
Laissant ainsi place au destin.

Je tente de ralentir ce temps impassible,
Au creux de pleins et déliés délivrés
Par une plume avide de s'épancher
De laquelle une belle journée s'envole.

Certains mots tels des poussières d'étoile

Sont comme un refuge loin du quotidien

Où il fait bon se blottir

Pour y attendre un lendemain.

                                          Evelyne Aguilera

De la même auteure

<u>Thème : Développement personnel /Poésie</u>

- Des mots par-delà nos maux
- Du noir et blanc aux couleurs de l'Ame
- Voyage intérieur au cœur des maux Tome 1

<u>Thème : Florilège d'expressions familières</u>

- Se refaire la cerise

<u>A paraître en 2023</u>

Voyage intérieur au cœur des maux - Tome 2